AF357806

LE MOULIN JOLI

PIÈCE EN UN ACTE

Paroles de M. CLAIRVILLE

Musique de M. VARNEY

Représentée pour la première fois, à Paris, sur le théâtre de la GAITÉ,
le 18 septembre 1849.

PRIX : 60 CENTIMES

Paris

BECK, LIBRAIRE, RUE DES GRANDS-AUGUSTINS, 3

1862

LE MOULIN JOLI

PIÈCE EN UN ACTE,

Paroles de M. CLAIRVILLE

MUSIQUE DE M. VARNEY

PERSONNAGES.	ACTEURS.
GASTON..	Mlle HORTENSE JOUVE.
MAITRE PLACIDE, son gouverneur.................	MM. CASTEL.
NIVELLE, filleul de Placide......................	FRANCISQUE JEUNE.
PAQUERETTE, filleule de Placide..................	Mlle FANY KLEIN.

La scène se passe aux environs de Rosny, en 1750.

Une salle gothique modestement meublée. — Au premier plan, bibliothèque et une petite table avec tout ce qu'il faut pour écrire ; au premier plan, porte latérale ; au fond, un buffet et croisée qui, lorsqu'elle est ouverte, laisse apercevoir le derrière d'un moulin : au milieu du moulin une petite fenêtre entourée de feuillage ; premier plan, à gauche, une grande table gothique : une porte au fond.

SCENE PREMIERE.

NIVELLE, PAQUERETTE.

NIVELLE, *réfléchissant et imitant Placide.*

Ne dites à personne que je suis arrivé à Rosny...

PAQUERETTE, *même jeu.*

Tout à l'heure, j'irai vous donner mes instructions.

NIVELLE.

Et dire qu'en nous parlant ainsi . parrain avait une figure de conspirateur !..

PAQUERETTE.

C'est vrai !.. et cependant, lui un grave gouverneur, un théologien... un professeur de philosophie...

NIVELLE.

Ah ! mon Dieu !.. s'il s'agissait de mettre la Philosophie à la Bastille !.. C'est que ça s'est vu...

PAQUERETTE.

Un conspirateur... maître Placide !.. allons donc !.. lui, le plus austère des gouverneurs !..

NIVELLE.

Ah ! dame !.. y faut ça, puisqu'il est chargé de la surveillance d'un jeune noble, que M. le duc d'Entragues, son père, fait élever secrètement au collége de Riom.

PAQUERETTE.

C'est drôle tout de même, cette histoire-là !

NIVELLE.

Je crois bien que c'est drôle ; on dit que ce jeune homme doit être élevé par notre parrain dans l'ignorance de toutes les choses de la vei. On veut qu'il ne sache rien...

PAQUERETTE.

C'est peut-être pour ça qu'on a pris not' parrain pour son précepteur ?..

NIVELLE.

Justement ! Le père du jeune duc a promis à maître Placide une pension de deux cents louis si, à l'âge de dix-huit ans, son élève ne sait rien du tout.

PAQUERETTE.

Mais pourquoi parrain vient-il nous voir aujourd'hui, lui, qui d'ordinaire, depuis la mort de son oncle le chanoine, qui lui a laissé cette petite maison pour héritage, n'y vient jamais avant le 1er octobre ?..

NIVELLE.

A l'époque des vacances... et, soit dit sans médisance, il vient se dédommager ici des leçons de tempérance qu'il donne à son élève !..

PAQUERETTE.

Le fait est que sa cave est joliment garnie... D'ailleurs, il arrive toujours avec les vendanges...

NIVELLE.

Et il ne repart que lorsqu'elles sont faites...

PAQUERETTE.

Dis donc, Nivelle ! s'il nous apportait la ré-

ponse à cette lettre que nous lui avons écrite
pour nous autoriser à nous marier !..

NIVELLE.

Ah bien oui! lorsqu'il est arrivé, j'étais en
train de battre le beurre, et j'ai voulu lui toucher quelques mots de notre amour...

PAQUERETTE.

Eh bien?

NIVELLE.

Sais-tu ce qu'il m'a répondu, en gesticulant
avec sa canne?..

PAQUERETTE.

Non...

NIVELLE.

Bats le beurre, animal !..

PAQUERETTE.

Ce n'était pas poli.

NIVELLE.

Non ; mais comme il gardait sa canne, j'ai
gardé mes réflexions.

PAQUERETTE.

Et tu as bien fait!.. Mais c'est lui que j'entends, (*Elle va au fond.*) et nous allons peut-
être savoir...

NIVELLE.

Est-elle curieuse !.. est-elle curieuse !..

SCÈNE II.

LES MÊMES, PLACIDE.

PLACIDE, *venant du fond, se frottant les mains.*
Je viens de faire ma ronde... les paysans
sont à leurs charrues... leurs ménagères aux
champs .. les enfants à l'école... Dieu soit loué!
me voilà plus tranquille ! .

PAQUERETTE.

Qu'est-ce que vous avez donc, parrain?..

PLACIDE.

Ça ne te regarde pas !..

NIVELLE.

Bien ! très bien ! mon parrain... il ne faut
pas qu'elle sache...

PLACIDE.

Toi non plus... Voyons, Paquerette, tu aimes
Nivelle, n'est-ce pas?.

PAQUERETTE.

Mais...

PLACIDE.

Inutile de nier, Paquerette, c'était dans ta
lettre... tu voudrais l'épouser ?

NIVELLE.

Ah ! ça, c'est à la lettre !..

PLACIDE.

Alors, écoutez-moi... Vous voyez bien cette
chambre ?..

PAQUERETTE.

Celle-ci ?..

PLACIDE.

Oui.

PAQUERETTE.

Eh bien !

PLACIDE.

Eh bien ! toi, Paquerette, tu me feras l'amitié
de n'y plus entrer !..

PAQUERETTE.

Moi ! ne plus venir ici ?..

PLACIDE.

Tu vas te rendre au moulin, où tu resteras
enfermée jusqu'au moment où j'irai t'en ou-
vrir la porte...

PAQUERETTE.

M'enfermer au moulin !..

PLACIDE.

Et si tu en bouges, si tu t'avises d'en sortir,
plus de mariage avec Nivelle ; tu entends.....

PAQUERETTE.

Tiens ! pourquoi donc ça ?..

NIVELLE, *à Placide.*

Est-ce que vous m'enfermerez avec Paquerette, mon parrain ?..

PLACIDE.

Non ; tu seras, au contraire, son geôlier.

PAQUERETTE.

Mon geôlier !..

PLACIDE, *à Nivelle.*

Tiens, prends ces clés, conduis Paquerette
au moulin et enferme-la à double tour...

PAQUERETTE.

Mais, je ne veux pas qu'on m'enferme ; le
temps est à l'orage ; il tonnera, j'en suis sûre,
et je mourrais de peur si j'étais toute seule !...

PLACIDE.

S'il fait de l'orage, s'il vient à tonner, j'irai
te tenir compagnie...

PAQUERETTE.

Mais...

PLACIDE.

Je le veux !..

TRIO.

Gentille prisonnière,
Ne te fais pas prier ;
C'est ton mari, ma chère,
Qui sera ton geôlier...

NIVELLE.

Parrain, soyez tranquille,
Elle sera docile,
J'en réponds.

PAQUERETTE, *à part.*

L'imbécile.
Il m'enferme, tant mieux ;
Pour punir sa sottise,
Feignons d'être soumise...

PLACIDE.

Eh bien !

PAQUERETTE.

Qu'il me conduise.

NIVELLE, *à Placide, et allant à Paquerette.*

J'en fais ce que je veux.

ENSEMBLE.

PAQUERETTE.
Oui, je suis prisonnière,
Pour les contrarier,
J'apprendrai le mystère
Même avant le geôlier.

NIVELLE, PLACIDE.
Gentille prisonnière,
Ne te fais pas prier
C'est ton mari, ma chère,
Qui sera ton geôlier.

(*Paquerette et Nivelle sortent.*)

SCÈNE III.

PLACIDE, *seul*

Maintenant, vite, introduisons mon jeune
élève ; et jusqu'à demain veillons bien sur son
innocence... Ah ! ces livres ! (*Il se dirige vers
la bibliothèque.*) Ces livres qu'il peut vouloir
consulter... si parmi eux... non... les classiques... Bossuet. Condillac, les Évangiles... il
peut lire tout ça... demain, d'ailleurs, ma res-
ponsabilité cesse ; et pourvu que jusqu'à demain... mais il m'attend !.. (*Allant à la porte
de gauche.*) Venez. venez. mon jeune élève...

SCÈNE IV.

PLACIDE, GASTON.

RÉCITATIF.

GASTON.
Où me conduisez-vous, où suis-je donc ici ?
PLACIDE.
Mais vous êtes chez moi.
GASTON.
Je crois sortir d'un rêve.
Merci, mon Dieu, merci.

ROMANCE.

Ces prés, ces bois, ces ruisseaux, ces campagnes,
Je les ai vus pour la première fois,
Pour habiter, pour gravir les montagnes,
Je donnerais la pourpre et le sceptre des rois...
Charmant voyage,
Séduisant paysage,
L'homme au village,
Sans ambition, sans fierté ;
Se trouve libre en sa chaumière,
Il vit au soleil qui l'éclaire,
Et rien ne vaut sur terre,
Non, rien ne vaut sur terre,
La liberté. (*bis.*)

RÉCITATIF.

PLACIDE.
Décidément il a vu sur la route,
Trop de paysages sans doute,
Et je dois, moi, son précepteur,
Modérer un peu son ardeur.

DEUXIÈME COUPLET.

GASTON.
Pour m'enfermer à l'ombre d'un collége,
Dieu créa-t-il les arbres et les fleuves :
Bons villageois, que le printemps protége,
Vous chantez, vous dansez et je verse des pleurs.
Charmant voyage,
Séduisant paysage.

PLACIDE.
En vérité, c'est à rendre fou, et d'où, s'il
vous plaît. tenez-vous ces belles idées, Monsieur ?
GASTON.
Je l'ignore... et j'ai peine à comprendre
ce qui se passe en moi... Souvent je sens
battre mon cœur, sans savoir ce qui le fait
battre... plus souvent encore mon imagination
me représente en traits de feu, des images qui
s'effacent aussitôt... enfin, je ne sais ce que je
désire, mais je crois avoir quelque chose à dési-
rer... je ne sais pas à quoi je rêve, et pourtant
je rêve toujours.
PLACIDE, *à part.*
Ah ! mon Dieu ! et ma pension qui serait
compromise si son père pouvait se douter...
GASTON.
Sans doute, je suis heureux... tranquille, du
moins, mais quelquefois je me révolte contre
cette tranquillité même : il me semble que je
devrais agir, être utile... que sais-je ?.. Combattre comme ces guerriers de l'ancienne Rome...
PLACIDE.
Combattre !.. y pensez-vous ?.. (*A part.*)
Faites donc apprendre l'histoire ancienne à ces
gaillards-là !.. (*Haut.*) Verser le sang... Et ces
paroles de l'Evangile : « Qui se sert de l'épée,
périra... »
GASTON, *l'interrompant.*
Oui, j'ai tort, ce serait mal... bien mal.
PLACIDE.
Ce serait affreux ! votre père, d'ailleurs, ne
vous a pas fait élever pour être un César. . Je
suis responsable envers lui de toutes vos idées
incohérentes... (*Tirant sa montre.*) Mais voici
l'heure du déjeuner, je vais vous faire apporter
du fruit et du laitage... Si l'ennui vous gagne,
ayez recours à votre Cicéron, et surtout ne
quittez pas cet asile... Allons, sans adieu...
reposez-vous jusqu'à demain... nous partirons
à la pointe du jour.
GASTON, *allant à Placide.*
Partir encore... Ah ! tant mieux... où irons
nous ?..
PLACIDE, *sévèrement.*
Vous le saurez demain. (*Il sort par la porte
du fond.*)

SCÈNE V.

GASTON, *seul.*

Du lait, du fruit, du latin, de gros murs !
sans doute ce sont toutes très bonnes choses...
Les fruits pour étancher la soif... le latin pour
endormir et les gros murs pour garantir de
l'orage... Eh bien ! malgré tous ces trésors de
sensualité, qu'on prodigue à ma jeunesse, il
me semble que la vie est une misérable chose,
toujours du bonheur, et surtout toujours le
même... vrai, il y a des jours où l'on serait
tenté de se souhaiter un bon petit accident, ne
fût-ce que pour rompre l'uniformité. (*Exami-
nant la chambre.*) Ce n'est pas gai ici... (*Apercevant la bibliothèque.*) Une bibliothèque...
encore une... et j'en avais deux au collège de
Riom... décidément, je suis poursuivi par les
bibliothèques... Cependant, si elle renfermait
quelques ouvrages que je n'aie pas lus. (*Allant
devant la bibliothèque.*) Mais non... toujours
des ouvrages classiques. (*Prenant un volume.*)
Ah ! ce volume... voyons, (*Lisant :*) *Traité des
Sensations*, par Condillac... (*Réfléchissant.*)
Les sensations !.. depuis que je me connais, il
me semble que jamais je n'en ai éprouvé...
(*Lisant :*) «Les cinq sens sont : L'ouïe, la vue,
l'odorat, le goût et le toucher. » Ainsi donc,
quand j'entendais gronder maître Placide,
c'était l'ouïe, quand je me trouvais en tête-à-
tête avec lui, c'était la vue ; quand le cœur me
levait à la poussière de nos vieux bouquins,
c'était l'odorat ; quand je trempais mon pain
dans du laitage, c'était le goût ; et jadis quand
mon professeur... (*Faisant le signe de donner
e fouet.*) c'était le toucher... bien obligé, monsieur Condillac, c'était bien la peine d'écrire un
gros volume comme celui-là, pour me rappe-
ler tous les petits chagrins de mon enfance.
(*Il jette le livre, à ce moment on entend la voix
de Paquerette.*)

COUPLETS.

PAQUERETTE, *en dehors, à la fenêtre du moulin.*

> Soir et matin,
> A mon moulin,
> De tous côtés on apporte son grain,
> Et c'est à qui
> Sera servi
> Par la meunière du Moulin Joli.

GASTON, *parlé.*

Oh ! mon Dieu ! qu'est-ce donc que j'entends ?..

PAQUERETTE.

> Pendant que le moulin tourne
> Dans mon champêtre séjour,
> Aucun galant ne séjourne,
> Mais, ma foi, chacun son tour.
> Meunière des plus coquettes,
> Rappelant tous mes élus,

> Moi, je fais tourner les têtes
> Sitôt qu'il ne tourne plus.

GASTON, *parlé.*

Oh ! la jolie voix !

PAQUERETTE.

> Soir et matin,
> A mon moulin,
> De tous côtés on apporte son grain,
> Et c'est à qui
> Sera servi
> Par la meunière du Moulin Joli.

GASTON, *parlé.*

Elle se tait !.. Oh ! chante, chante encore !..

PAQUERETTE.

> Sachant fort bien me défendre,
> Je réponds d'un ton railleur,
> A l'amant sensible et tendre,
> Qui me propose son cœur :
> Gardez-le pour d'autres belles,
> J'aime mon petit Lucas ;
> Si le moulin a des ailes,
> La meunière n'en a pas.

GASTON, *parlé.*

Oh ! c'est là, là... et je vais...
(*Il se précipite à la fenêtre du fond, l'ouvre
timidement et reste frappé d'admiration à
la vue de Paquerette, que l'on aperçoit à la
fenêtre du moulin, encadrée au milieu des
fleurs qui garnissent la croisée.*)

> Que vois-je ! ah ! qu'elle est belle !

PAQUERETTE.

> C'est lui, quand j'ai dit ce matin,
> Que même enfermée au moulin.
> Je le verrais avant Nivelle.

GASTON.

> Ah ! mon cœur bat d'espoir,
> De plaisir et de crainte ;
> Car d'ici je crois voir
> L'image de la sainte,
> Que je priais le soir.

ENSEMBLE.

PAQUERETTE.

> Soir et matin,
> A mon moulin,
> De tous côtés on apporte son grain,
> Et c'est à qui
> Sera servi
> Par la meunière du Moulin Joli.

GASTON.

> Soir et matin,
> A son moulin,
> Que j'aimerais à chanter son refrain.
> Bienheureux qui
> Sera servi
> Par la meunière du Moulin Joli.

(*Après l'ensemble, Paquerette se retire en fermant
la croisée du moulin.*)

GASTON.

Ciel ! elle disparaît... Oh ! que je te voie,
que je t'entende encore..

PLACIDE, *en dehors.*

Paquerette !.. Nivelle !..

GASTON, *fermant la croisée.*

Mon gouverneur !..

SCÈNE VI.

GASTON, PLACIDE.

PLACIDE. *entrant une lettre à la main, sans voir*
Gaston. Qu'ai-je appris, juste ciel ..

GASTON, *à part.*

Quel dommage qu'il soit arrivé !..

PLACIDE, *lisant ; il est assis.*

« Hélas ! plaignez-moi, mon cher Placide,
« je n'avais que deux enfants, l'un qui faisait
« ma gloire et mon orgueil ; l'autre qui me
« rappelait toutes les fautes, toutes les erreurs
« de ma vie.. Eh bien ! j'apprends que le pre-
« mier de mes fils, mon enfant légitime, vient
« d'être tué dans un duel. »*(S'interrompant.)*
« Tué ! lui, le colonel, c'est affreux ! (*Conti-*
nuant.) « Si grande qu'elle soit, ma douleur
« doit se taire devant la volonté du ciel. Gas-
« ton reste aujourd'hui le seul héritier des
« ducs d'Entragues... qu'il vienne à la cour,
« qu'il succède à son frère et dans ses biens,
« et dans ses honneurs... Le courrier qui vous
« remettra ce message, est porteur de plu-
« sieurs uniformes de son grade... vous en
« choisirez un pour l'en revêtir... C'est un
« modeste cadet de famille que j'ai remis en-
« tre vos mains, c'est un colonel de dragons
« qu'il faut me ramener... » (*Remettant la*
lettre dans sa poche.) Moi, que je fasse un colonel de dragons !.. à cette condition seulement, me dit-il, j'aurai droit à la pension promise !.. Ma pension !.. j'en deviendrai fou !..

GASTON, *qui, pendant ce monologue, est resté près*
de la fenêtre.

Qu'a donc mon cher gouverneur ?..

PLACIDE.

Lui, si timide, si novice... qui ne sait rien...
qui n'éprouve rien, qui ne comprend rien...

GASTON, *qui s'est rapproché, à part.*

Dois-je lui dire que tout à l'heure .. Oh !
non, il se fâcherait peut-être, et je ne pourrais
plus la voir...

PLACIDE.

Comment m'y prendre ? (*Apercevant Gas-*
ton.) Ah ! le voici... (*Gaston baisse les yeux.*)
Et dire qu'il faut que je fasse de cela un
colonel de dragons. .

GASTON, *à part*

Je n'entends plus sa voix ..

PLACIDE, *de même.*

C'est l'amour qui enfante les héros ; si je le
mettais sur le chapitre de l'amour '

GASTON, *de même.*

Qu'a-t-il donc à me regarder ainsi ?

PLACIDE, *de même.*

Si je l'interrogeais sur les facéties de l'histoire romaine ; sans doute, en étudiant, il aura
fait des réflexions.

GASTON, *de même.*

Dire qu'elle est peut-être encore là ?...

PLACIDE, *à Gaston.*

Venez, Gaston, venez vous asseoir près de
moi.

GASTON, *traînant une chaise et à part.*

Quel ennui !

PLACIDE, *prenant place à côté de Gaston.*

Jusqu'à ce jour, pour des raisons que je
vous expliquerai plus tard, j'ai dû vous laisser
ignorer beaucoup de choses qu'un homme doit
connaître...

GASTON.

Ah !

PLACIDE.

Vivant isolé à l'ombre d'un collège, vos sens
n'ont point encore parlé... je le comprends...
votre oreille n'a point encore été frappée des
sons d'une musique harmonieuse...

GASTON, *à part.*

Oh ! si, tout à l'heure...

PLACIDE.

Votre vue n'a pas été charmée par l'appari-
tion soudaine de... quelque objet charmant...

GASTON, *à part.*

Oh ! si, tout à l'heure...

PLACIDE.

Enfin, vous n'avez ressenti aucune des im-
pressions qui font que... qui sont cause de...
qui... enfin, vous me comprenez...

GASTON.

Pas du tout.

PLACIDE, *à part.*

Je le crois bien, je ne me comprends pas
moi-même... (*Haut.*) Voici le fait : Il y a dans
l'histoire des peuples certains passages qui
non-seulement parlent à notre esprit, qui non-
seulement servent à notre éducation, mais encore qui font naître en nous de certaines pen-
sées, qui jettent dans nos cœurs certaines
lumières, certaines émotions...

GASTON.

Je vous écoute, mon précepteur...

PLACIDE.

Bien !.. prenons l'histoire romaine, que vous
me citiez ce matin, et dites-moi, par exemple,
ce que vous avez cru voir dans le feu sacré
qu'entretenaient les Vestales ?...

GASTON.

Ce que j'ai vu dans le feu sacré ? Dame ! j'ai
vu du feu...

PLACIDE.

Il n'a vu que du feu dans le feu sacré des
Vestales !... Pauvre jeune homme !... Eh bien !
autre chose... L'histoire de la fameuse Lucrèce... la Lucrèce romaine...

GASTON.

Oh ! oui, je sais .... Lucrèce, femme d

Sextus, qui se poignarda pour échapper aux persécutions de Tarquin ?

PLACIDE.

Parfait ! Mais de quelle nature étaient ces persécutions ?

GASTON.

De quelle nature ?

PLACIDE.

Oui, qu'est-ce que voulait Tarquin à la femme de Sextus?..

GASTON.

Il voulait la persécuter.

PLACIDE.

Très bien !... mais de quelle manière ?...

GASTON.

L'histoire ne le dit pas.

PLACIDE.

Enfin qu'avez-vous compris?

GASTON.

J'ai compris qu'il voulait la persécuter.

PLACIDE.

C'est très clair. (*A part.*) Et dire que c'est un colonel de dragons qui... Ah !

GASTON.

Quoi donc ?..

PLACIDE.

Répondez encore : Pourquoi les Romains enlevèrent-ils les Sabines?...

GASTON.

C'est Romulus qui l'ordonna.

PLACIDE.

Pourquoi l'ordonna-t-il ?

GASTON.

Parce que les Sabins, peuple voisin de Rome, avaient refusé toute alliance avec cette ville.

PLACIDE.

Et qu'arriva-t-il aux Sabines?

GASTON.

Elles devinrent mères et préférèrent les Romains à leurs maris Les Sabins se révoltèrent, mais au milieu du combat livré dans Rome, les Sabines...

PLACIDE, *se levant.*

Assez de Sabins et de Sabines... (*A part.*) Ah ! c'est à en devenir fou... et pourtant il faut... Changeons de batteries... abordons franchement la question.

GASTON, *à part.*

Il ne s'en ira donc pas ?...

PLACIDE, *à part.*

Si je lui parlais de gloire, de combats? Oui.

GASTON, *de même.*

Si je pouvais la revoir, l'entendre encore...

PLACIDE, *changeant tout-à-coup d'allures et de manières, et remontant le théâtre les mains dans ses poches.*

Je suis militaire,
C'est un bel état...

GASTON, *à part.*

Qu'a-t-il donc ?..

PLACIDE.

Je vivrai, j'espère,
Et je mourrai soldat.

GASTON,

Soldat !..

PLACIDE.

Ah ! ah ! ce mot vous rend plus attentif...

GASTON.

Mais vous qui me disiez ce matin : qui se sert de l'épée périra...

PLACIDE.

Oui, certainement, je l'ai dit, j'avais raison de le dire ! Mais à côté de cela, vous me comprenez... la guerre, pour un gentilhomme... la guerre... Vivent les batailles, les victoires, les triomphes !...

PLACIDE.

DUO.

Rien de plus charmant que la guerre,
Rien de plus grand, rien de pareil,
Rien de plus beau qu'un militaire.

ENSEMBLE.

Quand son casque brille au soleil.

PLACIDE.

En temps de paix le militaire
Sait tour-à-tour séduire et plaire.

GASTON.

Quoi ! le militaire
Sait plaire.

PLACIDE.

Quand il arrive en garnison,
Babet, Lison,
Rose et Suzon
L'accompagnent sur le gazon !

GASTON.

Et pourquoi donc
L'accompagner sur le gazon ?

PLACIDE.

C'est pour...

GASTON.

C'est pour...

PLACIDE, *à part.*

Au diable !

GASTON.

Pourquoi donc?

PLACIDE.

Rien de plus charmant que la guerre,
Rien de plus grand, rien de pareil,
Rien de plus beau qu'un militaire,
Quand son casque brille au soleil.

GASTON.

Ah ! c'est charmant,

PLACIDE.

Oui, c'est très charmant.
Mais si le combat recommence,
Quittant ses amours,
Au bruit des tambours.
Il s'élance.

GASTON.

Il s'élance au bruit des tambours.

PLACIDE.

On entend la canonnade
Bom ! bom ! bom !

GASTON.

La canonnade
Bom ! bom ! bom

PLACIDE.

On entend la fusillade,
Pan, pan, pan, pan, pan, pan !

GASTON.

La fusillade,
Pan, pan, pan, pan,

PLACIDE.

Jamais on ne rétrograde,
En avant!

ENSEMBLE.

En avant!..

GASTON.

Oh ! mon précepteur, la gloire, l'amour, les
combats, les femmes?.. Faites-moi soldat, je
vous en prie faites-moi soldat?

PLACIDE.

Vivat !.. je le tiens !..

SCÈNE VII.

LES MÊMES, NIVELLE.

NIVELLE, *apportant des fruits dans une cor-
beille et du laitage dans une coupe.*
Voici le déjeuner!.. (*Apercevant Gaston.*)
Tiens ! un jeune homme...

PLACIDE, *jetant un grand cri.*

Ah !..

NIVELLE, *faisant un grand saut.*

Hein?..

PLACIDE.

Quoi?..

NIVELLE.

Rien, mon parrain ; c'est vous qui avez dit :
Ah !.. moi, j'ai répondu : Hein?.. parce que
j'ai cru qu'il vous arrivait quelque chose...

PLACIDE.

Va te promener !

NIVELLE

Oui, mon parrain...

PLACIDE.

Non, reste ici.

NIVELLE.

Ça m'est égal...

PLACIDE.

Mets trois couverts dans cette chambre?..

NIVELLE.

Dans la chambre?..

PLACIDE.

Sur cette table.

NIVELLE.

Ah ! c'est que vous disiez dans la chambre.

PLACIDE.

Imbécile !

NIVELLE.

Oui, mon parrain.

PLACIDE.

Et vous, Gaston, suivez-moi...

GASTON.

Mais, qu'a-t-il donc ?..

SCÈNE VIII.

NIVELLE, *seul, mettant le couvert.*
Il y a des jours où, sous le respect que je lui
dois... je croirais mon parrain toqué... (*Imitant Placide.*) Va te promener... non, reste...
mets le couvert dans la chambre... mets-le
sur la table... quelle girouette !.. allons, bon !
Tirant une lettre de sa poche.) V'là que j'ai
oublié de lui remettre cette lettre qu'on vient
d'apporter pour lui... c'est vrai, ça, on est tel-
lement bousculé qu'on ne sait plus ce qu'on
fait... Bah !.. ça ne doit pas être pressé... met-
tons toujours le couvert... (*Il remet la lettre
dans sa poche.*) C'est comme c'te bêtise...
voyez un peu... il veut que je surveille Paquerette, que je sois son geôlier, comme il dit,
et au lieu de me laisser à mon poste.... il
m'envoie à la laiterie, au potager, il me fait
mettre le couvert, est-ce que je sais. . Comme
s'il était si facile de garder une jeune fille...

COUPLET.

Chaque belle que l'on courtise
Est volage comme un oiseau
Raison de plus quand elle est prise
Pour bien surveiller le réseau,
Car l'amour est là qui la guette,
Et quand l'amour la frappe au cœur,
Du même coup l'adroit chasseur
Frappe son futur à la tête.

Là... voilà mes trois couverts mis .. tiens!..
mais j'y pense, pourquoi donc trois couverts?
est-ce que mon parrain?.. (*Gaîment.*) C'est
ça, j'y suis, c'est une galanterie... il m'invite...
la récompense qu'il m'avait promise... voilà...
Ah ! bien, oui, mais des fruits et du laitage...
c'est bien maigre.

Même air.

Lui qui s'enivre de champagne,
Ne pouvait-il nous en offrir?
Mais un jeune homme l'accompagne,
Et Paquerette peut venir.
Pas de champagne à Paquerette
Car le champagne est un farceur
Qui, frappant les femmes au cœur,
Frappe les maris à la tête.

Allons, allons, c'est une attention de mon
parrain, et toute réflexion faite, je préfère le
laitage.

PAQUERETTE, *en dehors.*
Oui, parrain, c'est convenu.
NIVELLE.
La voix de Paquerette !.. qu'est-ce que je disais?.. elle a trouvé le moyen de s'échapper...

SCÈNE IX.

NIVELLE, PAQUERETTE.

PAQUERETTE, *entrant avec un panier de champagne... elle a changé de costume, et celui qu'elle porte est très coquet.*
Ouf ! que c'est donc lourd !.. avec ça que le temps est joliment lourd aussi... (*Elle dépose son panier près du buffet.*)
NIVELLE.
Qu'est-ce que je vois?..
PAQUETTE, *regardant de tous côtés.*
Tiens ! y n'est plus là...
NIVELLE.
Qui est-ce qui n'est plus là ?
PAQUERETTE.
Ça ne vous regarde pas, geôlier !
NIVELLE.
Ah! ça ne me regarde pas !.. Me direz-vous, Mam'selle...
PAQUERETTE.
Qu'est-ce que c'est que ça?. . des fruits... ah ! fi !.. du laitage... ah ! fi !.. ôtez tout ça... (*Elle va pour l'ôter.*)
NIVELLÉ.
Mais voulez-vous bien laisser le souper de mon parrain !
PAQUERETTE.
Son souper ça?.. ah bien oui !.. tenez, en v'là un échantillon de son souper ! (*Elle met le champagne et les verres sur la table.*)
NIVELLE.
Du champagne ?..
PAQUERETTE.
Et y m'a invitée.
NIVELLE.
Vous !..
PAQUERETTE.
A preuve qu'il est venu lui-même me chercher au moulin...
NIVELLE.
Lui-même.
PAQUERETTE.
En me disant : Paquerette, je t'invite à souper avec moi...
NIVELLE.
Est-il possible !..
PAQUERETTE.
Et fais-toi bien belle, qu'il a ajouté, parce que... à cause de... et comme il s'embrouillait, j' lui ai dit : c'est bien , je vous comprends, et je n'ai pas compris .. mais je me suis faite bien belle...

NIVELLE.
Ah ! bon ! très bien !.. je devine encore.
PAQUERETTE.
Vraiment?
NIVELLE.
Il t'a dit de te faire belle, pour que tu me plaises.
PAQUERETTE.
A toi?
NIVELLE.
A preuve que nous soupons ensemble.
PAQUERETTE.
Bah !
NIVELLE.
Puisque mon parrain m'a dit de mettre trois couverts !
PAQUERETTE.
Ah !
NIVELLE.
Qu'est-ce que t'as donc?..
PAQUERETTE.
Moi?.. rien...
PLACIDE, *en dehors.*
Par ici, colonel, par ici.
NIVELLE.
Colonel !.. Avez-vous entendu?.. mon parrain appelle un colonel... Est-ce que par hasard?..
PAQUERETTE, *ouvrant la porte du fond.*
Dieu ! le petit jeune homme de tantôt !
NIVELLE.
Un petit jeune homme !.. quel petit jeune homme?..
PAQUERETTE.
Oh ! qu'il est bien ainsi !

SCÈNE X.

LES MÊMES, PLACIDE, *portant un panier plein de comestibles;* GASTON, *en colonel de dragons.*

QUATUOR.

GASTON.
Sacrebleu, je suis militaire,
Vive l'amour, vive la guerre !
Amant, guerrier tour-à-tour,
Je ferai la guerre et l'amour.
Je ferai la guerre et l'amour.
PAQUERETTE.
Qu'il est charmant en militaire,
Pourquoi veut-il faire la guerre?
Quand on est ainsi fait au tour
On ne doit faire que l'amour.
Il fera la guerre et l'amour.
PLACIDE.
Enfin , le voilà militaire,
Il chante l'amour et la guerre,
Amant, guerrier tour-à tour,
Il fera la guerre et l'amour.
Il fera la guerre et l'amour
NIVELLE.
Quel est ce jeune militaire
Qui chante l'amour et la guerre?

Qui veut-il combattre en ce jour ?
À qui veut-il faire l'amour?
Il fera la guerre et l'amour.

PLACIDE.

Eh bien ! Paquerette, que fais-tu là ?

PAQUERETTE.

Moi... parrain?.. mais...

PLACIDE.

Avance donc !.. avance donc !..

PAQUERETTE.

C'est que je n'ose pas...

PLACIDE.

Tu n'oses pas !.. (*Se retournant vers Gaston et partant d'un éclat de rire.*) Ah ! ah ! ah ! ma filleule qui n'ose pas... le colonel qui rougit... Est-ce que vous n'osez pas non plus, colonel.

GASTON.

Moi !.. mais...

PLACIDE.

Un colonel de dragons, corbleu !

PAQUERETTE.

Ah ! comme il jure !

NIVELLE, *à part.*

Est-ce que Paquerette entrerait dans le système d'éducation de mon parrain ?

PLACIDE.

Ah ! vous n'osez ni ni l'autre !.. Eh bien , à table !.. rien ne fait oser comme le champagne.

NIVELLE, *se plaçant à table.*

Le champagne !... oh mais! je serai là, je surveillerai... je...

PLACIDE, *à Nivelle, qui est assis à la table.*

Que fais-tu là ?

NIVELLE.

Moi, parrain?.. Vous avez dit : A table !..

PLACIDE.

Mais veux-tu bien te lever, animal ? (1) Voici votre place, colonel ; voici la mienne, et celle de Paquerette au milieu de nous.

NIVELLE.

Eh bien ! et moi ?..

PLACIDE, *lui jetant une serviette.*

Toi, tu nous serviras, tu nous verseras à boire...

NIVELLE, *à part.*

Ah!.. mais je suis très humilié...

PLACIDE.

Allons, colonel, occupez-vous de votre voisine... soyez galant...

GASTON.

Galant... mais je ne sais...

PLACIDE.

Vous ne savez pas être galant?.. Oh ! oh ! à votre âge, le duc de Richelieu n'aurait pas eu besoin de leçons pour ça... Verse, Nivelle... Tendez votre verre. Gaston.

GASTON, *pendant que Nivelle verse.*

Qu'est-ce que c'est que cette liqueur ?

(1) Nivelle change de chaise et quand Placide s'assied en disant : voici la mienne, il s'assied sur les genoux de Nivelle, qu'il chasse une seconde fois.

PLACIDE.

Goûtez un peu.

GASTON, *qui a bu.*

Ah !..

PLACIDE.

Quoi donc?

GASTON.

Ça picote.

PAQUERETTE, *qui vient de boire.*

Tiens !.. c'est vrai que ça picote...

NIVELLE, *à part.*

Sont-ils heureux, d'être picotés !.. (*Il se verse et boit, à part.*) C'est vrai, tout de même, ça picote.

GASTON, *tendant son verre.*

Encore !

PLACIDE.

Bravo !

NIVELLE, *à part.*

Ah ! que je suis donc humilié !

PAQUERETTE, *tendant son verre.*

Encore !

PLACIDE.

A merveille !

NIVELLE, *bas à Paquerette.*

Paquerette, ça vous fera mal.

PAQUERETTE.

Ce n'est pas vrai, n'est-ce pas, parrain, que ça ne me fera pas de mal ?

PLACIDE.

Qui ose dire !...

PAQUERETTE.

C'est M. Nivelle.

PLACIDE.

De quoi te mêles-tu ?

NIVELLE.

Mais, parrain...

PLACIDE.

Verse, imbécile, et tais-toi.

PAQUERETTE.

Verse, imbécile, et tais-toi !

NIVELLE.

Ah ! mais que je suis donc humilié !

GASTON.

C'est singulier... je ne sais ce que j'éprouve, mais cette liqueur divine... c'est enivrant !... (*Regardant Paquerette.*) Tout ce que vois... Je crois rêver. .

PLACIDE.

Vivat ! voilà le colonel qui perce, le dragon qui se fait jour !.. Verse, Nivelle !

NIVELLE.

Mais. parrain, vous allez les griser...

PLACIDE.

Hein ?

NIVELLE.

Je verse, parrain, je verse .

PLACIDE.

Attention ! c'est une chanson de caserne ...

NIVELLE.

Il a le diable au corps.

PLACIDE, *se léve le verre à la main, à Gaston.*

COUPLETS.

Le verre de ta compagne
Est vide; il faut le remplir.
Verse , verse du champagne,
Car c'est verser du plaisir.

Gaston va remplir le verre de Paquerette.)

NIVELLE, *parle.*

Comment ! voilà parrain qui chante des gaudrioles !..

PLACIDE , *à Gaston.*

Pour que l'ivresse la gagne,
Et qu'elle t'aime à son tour,
Verse, verse du champagne,
Car c'est verser de l'amour
     (*Gaston verse à boire à Paquerette.)*

NIVELLE.

Gazez, parrain, gazez !..

PLACIDE , *à Gaston.*

Lorsque battant la campagne ,
La vertu résistera,
Verse, verse, du champagne,
Et la vertu versera !

NIVELLE, *parle.*

Ah mais ! je rougis... parole d'honneur, je rougis...

GASTON, *qui a bu plusieurs fois.*

ROMANCE.

Quand un regard de flamme
S'échappe de ses yeux,
Alors je sens mon âme
Brûler des plus doux feux.
Oui, l'amour se révèle,
Il parle à mon esprit,
Une étoile nouvelle
Illumine ma nuit.

PLACIDE, *bas à Gaston.*

RÉCITATIF.

De ce nouvel amour, si vous voulez un gage,
Elle porte une fleur à son charmant corsage.

GASTON, *prenant une rose au corsage de Paque
relle.*

Ah ! ou..

PAQUERETTE.

Ma rose !

GASTON.

     Je la tien.

NIVELLE.

C'est une horreur !

PLACIDE.

    Non, c'est fort bien.

GASTON.

SECOND COUPLET.

Cette rose si belle,
Aux parfums enivrant

A l'instant me révèle.
Encore un nouveau sens,
O rose sans rivale !
Tu m'apprends en ce jour
Que ton calice exhale
Un doux parfum d'amour.

QUATUOR.

NIVELLE.

Déjà
Voilà
Son cœur qui palpite,
Rien qu'à l'odeur
D'une simple fleur.

GASTON, *à Paquerette.*

Oh ! tiens,
Reviens,
Ma chère petite.
A moi ,
Pour moi,
Cette rose et toi.

PAQUERETTE.

Rendez-moi ma rose.

GASTON. *posant la rose entre lui et Paquerette.*

Tiens, là, je la pose,
Sois cou ageuse, ose
La prendre.

PAQUERETTE, *la prenant.*

     C'est fait.

GASTON, *lui saisissant le bras.*

Mais, prise avec elle !
Je te tiens.

NIVELLE *délivrant brusquement Paquerette.*

Mam'selle,
Fuyez ou j'appelle...

GASTON, *le souffletant.*

Manant !

NIVELLE.

     Un soufflet.

GASTON, *retenant Paquerette.*

Sur moi,
Ma foi,
Oui tu peux, ma belle,
    Te reposer. (*Il l'embrasse.*)

PAQUERETTE.

O ciel ! un baiser.

NIVELLE.

Eh quoi !
Devant moi,
Des baisers pour elle.
Et je reçois quoi ?..
Des soufflets pour moi.

PLACIDE ET GASTON.

Bravo !
C'est beau,
Oui, c'est admirable.
Déja
Foi de   Gaston ,
Devient   Un dragon .
Je suis

Et les charmants attraits
D'une femme aimable,
L'ont déjà fait.
M'ont
Un mauvais sujet.

PAQUERETTE ET NIVELLE.

Oh ! oh !
Tout beau,
De par tous les diables,
Monsieur Gaston
Devient un dragon,
Et la vue de mes attraits,
Et ses charmants
Qu'il trouve adorables.
L'ont déjà fait
Un mauvais sujet.

NIVELLE.

Comment éloigner le traître
Ah ! j'y pense, cette lettre...
Ici peut-être
Va nous
Sauver tous,

(*A Placide ; parlé.*) Parrain, une lettre pour vous.

PLACIDE, *parlé.*

Tiens, un message ! l'écriture de M le duc ; qu'il sera content !.. quel plaisir pour lui !.... (*Lisant.*) « Mon cher directeur. Par un bien- « fait du ciel, mon fils aîné, mon cher Henri « vient de m'être rendu... » Ah ! ciel! .Mais... alors... Ah ! (*Il s'évanouit et laisse tomber la lettre, en se laissant tomber sur une chaise.*)

TOUS.

Ciel !.. évanoui !..

PAQUERETTE.

Du secours !

GASTON.

Un calmant . quelque chose !..

NIVELLE.

V'là du champagne !..

PLACIDE, *se levant comme furieux.*

Qui est-ce qui a parlé de champagne?.... (*A Gaston*) Qui vous a permis de mettre cet uniforme ? (*A Paquerette.*) Que faites-vous là, Mademoiselle ? (*A Nivelle.*) Que fais-tu là, imbécile ?..

TOUS.

Mais...

PLACIDE, *à Nivelle.*

Enlevez ce couvert ! . (*A Gaston.*) Allez reprendre vos habits !.. (*A Paquerette et à Nivelle.*) Sortez !.. Non, restez ici !.... (*A Nivelle.*) Ma chaise de poste ; qu'on l'attèle à l'instant... va !..

GASTON.

Mais, au moins, dites-nous ..

PLACIDE.

Au nom de votre père, Monsieur, suivez-moi !..

GASTON.

Mon père !

PLACIDE.

Suite de l'air précédent,
Partez,
Sortez.

GASTON, PAQUERETTE ET NIVELLE.

Mais, Monsieur, de grâce,
Mais, parrain,

PLACIDE.

Obéissez :

TOUS.

Vous nous repoussez..

ENSEMBLE.

Voilà
Déjà
Mon bonheur qui passe,
Et la douleur
Rentre dans mon cœur !

(*Sur le dernier vers que Nivelle chante au milieu du théâtre, Placide lui donne un coup de pied par derrière et Nivelle sort en portant la main sur la partie frappée et en répétant.*)

Ah ! la douleur
Est dans mon cœur !

(*Placide emmène Gaston ; Paquerette veut les suivre, Placide la repousse à l'intérieur et ferme la porte.*)

SCÈNE XI.

PAQUERETTE, *seule.*

Eh bien ! mon parrain qui m'enferme !.. Je vous demande un peu s'il est possible d'y comprendre quelque chose... Tiens ! v'là c'te lettre qui est venue tout changer... qu'est-ce qu'elle peut dire ?.. Si on était curieuse, pourtant !.. Oui, mais on est discrète... moi, d'abord, je ne m'occupe que de ce qui me regarde... (*Regardant la lettre avec convoitise.*) Tiens, mais, au fait, ça me regarde peut-être... Tant pis ! il faut que je lise... (*Lisant.*) « Mon cher gou- « verneur, par un bienfait du ciel, mon fils « aîné, mon cher Henri, vient de m'être ren- « du, et pour que rien ne manque à ma joie, « il vient de m'apporter les preuves de l'inno- « cence de la mère de Gaston... Oh ! combien « je fus injuste ! combien je fus cruel ! mais je « saurai réparer le mal que j'ai fait... Gaston « rejoindra son frère sous les drapeaux. C'est « en me chargeant de son bonheur que je veux « réparer mes torts envers sa mère. » Tiens, ça ne me regardait pas, et j'ai lu jusqu'à la fin. Ah ! mam'selle Paquerette, vous êtes une curieuse. (*On entend gronder le tonnerre.*) Ah ! mon Dieu, le tonnerre ! (*Allant à la porte.*) Et cette porte qui est fermée ! et moi, que l'orage épouvante ! (*Appelant.*) Mon parrain, Nivelle ! (*Un second coup de tonnerre se fait entendre, et le vent qui souffle au dehors pousse la fenêtre du fond, qui s'ouvre avec un grand bruit.*) (*Tombant agenouillée.*) Ah ! je suis morte ! (*Après un silence.*) Non, ce n'est rien ; c'est le vent, c'est l'orage... Et mon parrain qui m'enferme!... (*Ici, l'on voit paraître une échelle au balcon.*) Vite, courons fermer cette fenêtre. (*Elle monte au fond et arrive à la croisée au moment où Gaston saute dans la chambre.*)

SCÈNE XII.
GASTON, PAQUERETTE.

GASTON.

M'y voici !

PAQUERETTE, *poussant un cri.*

Ah !

GASTON.

C'est elle !..

PAQUERETTE.

Au secours !..

GASTON.

Mais c'est moi !.. moi, Gaston !

PAQUERETTR.

Vous, Monsieur !..

GASTON.

Je vous fais peur?

PAQUERETTE.

Je vous ai pris pour le tonnerre.

GASTON.

Oh! rassurez-vous... je suis moins dangereux... Je ne veux pas vous faire de mal... au contraire !..

PAQUERETTE.

Vous n'êtes donc pas parti?

GASTON.

Était-ce possible, par ce temps affreux? Mon gouverneur est sorti, malgré l'orage, pour faire atteler notre voiture, et moi, qu'il voulait contraindre à reprendre mes vilains habits noirs... Je me suis échappé, j'ai couru dans le jardin, je vous savais ici... et, au moyen de cette échelle, j'ai franchi cette fenêtre. .

PAQUERETTE.

Qu'est-ce que vous avez à me dire?

GASTON.

Je n'en sais rien... mais quand je suis près de vous...

(*Il veut lui prendre la taille.*)

PAQUERETTE, *se dégageant.*

Voulez-vous finir, Monsieur!

GASTON.

Paquerette...

PAQUERETTE.

Sortez, Monsieur, sortez où j'appelle !

GASTON.

Tu le veux ! j'obéis... (*A la porte.*) Fermée ! Ah ! tu vois bien qu'il faut que je reste !

PAQUERETTE.

Non ! (*Montrant la fenêtre.*) Ce balcon...

GASTON.

Mais la pluie, l'orage !

PAQUERETTE, *le suppliant..*

Je vous en conjure.

GASTON.

Tu l'exiges... Allons...

(*Au moment où il s'approche du balcon, un violent coup de tonnerre se fait entendre. Paquerette court à lui et l'arrête avec effroi.*)

PAQUERETTE.

Oh ! restez !

DUO.
PREMIER COUPLET.

GASTON.

Eh ! quoi ! vous arrêtez mes pas ?

PAQUERETTE.

L'orage ! oh! n'entendez-vous pas?

Il tonne,
Je frissonne,
La foudre encor
Gronde plus fort.

GASTON.

Qu'elle est jolie !

PAQUERETTE.

Quel temps affreux !
Le vent, la pluie...

GASTON.

Les jolis yeux !

ENSEMBLE.

C'est dangereux !

DUO.

PAQUERETTE.

C'est l'orage
Qui cause ma frayeur,
Mon courage
Ne peut braver la peur...
Ah! je succombe à ma frayeur.

GASTON.

Un orage
Gronde au fond de mon cœur.
Du courage,
C'est un jour de bonheur.
Ah ! l'amour fait battre mon cœur!..

DEUXIÈME COUPLET.

GASTON.

Pour braver le ciel en courroux,
Rapprochons-nous, rapprochons-nous.
Encore
Je t'implore,
Quand on est deux
On est bien mieux.

(*Tonnerre.*)   PAQUERETTE, *s'approchant de lui.*

Ce bruit m'atterre...

GASTON.

Plus près encor.
Oui, le tonnerre
Gronde plus fort!

PAQUERETTE, *s'approchant tout à fait.*

Gronde plus fort!

GASTON.

Je suis près d'elle
D'elle si belle !
D'elle qui fait battre mon cœur..
Je la touche, et mon âme

Du ciel a rêvé le bonheur...
Ah! je veux qu'un baiser de flamme!
(*Il l'embrasse.*)

PAQUERETTE.
Sortez d'ici, Monsieur, sortez!

GASTON.
Tu le veux, ta voix me l'ordonne?
Adieu, je pars...!
(*Tonnerre.*)

PAQUERETTE.
O ciel il tonne!

GASTON.
Tu ne me verras plus!..
(*Tonnerre.*)

PAQUERETTE.
Restez!

GASTON.
Que je reste...

PAQUERETTE.
Ecoutez! écoutez!..

REPRISE ENSEMBLE.
C'est l'orage,
Un orage.
(*A la fin de l'ensemble, la foudre tombe au fond;
Gaston, qui s'est mis à genoux, reçoit dans ses
bras Paquerette qui s'évanouit.*)

SCÈNE XIII.

LES MÊMES, PLACIDE, NIVELLE.

GASTON.
Ah! grand Dieu!..

PLACIDE, *tombant sur un fauteuil.*
J'en étais sûr!

NIVELLE, *apercevant Paquerette dans les bras
de Gaston.*
Mon parrain, mon parrain! mais venez donc
vite, ça presse!

GASTON.
Silence!.. elle revient à elle!

NIVELLE.
Oui, mais elle ne revient pas à moi!

PLACIDE.
Ruiné!... plus de pension, plus rien! (*Il
tombe les bras appuyés sur la table où Paquerette a déposé la lettre.*) Et cette lettre mau-
dite!.. (*Il prend la lettre et la parcourt.*)

GASTON, *qui a relevé Paquerette.*
Vous trouvez-vous mieux, Mademoiselle?

PAQUERETTE.
Oui... Ah! j'ai eu bien peur.

NIVELLE.
Et moi donc!

PLACIDE.
Se peut-il? ai-je bien lu? mais oui... oui!.

TOUS.
Qu'a-t-il donc?

PLACIDE, *dansant.*
A la Monaco

L'on chasse,
L'on déchasse, etc.

NIVELLE.
Comment! voilà qu'il danse à présent! décidément il est toqué.

GASTON.
Mais ne vous expliquerez-vous pas?

PLACIDE.
Si fait! Mon jeune élève, réjouissez-vous.

GASTON.
Comment, que je me réjouisse!..

PLACIDE.
Votre père!..

GASTON.
Eh bien!

PLACIDE.
Eh bien, votre père... et puis, madame votre
mère... C'est un malentendu, les preuves ont
été fournies; si bien que monsieur votre père
a tout compris... et vous, me comprenez-vous?

GASTON.
Non, pas tout à fait.

PLACIDE.
Qu'il vous suffise de savoir que votre père
vous rappelle!

GASTON.
Mon père me rappelle, conduisez-moi dans
ses bras, ce jour sera le plus beau de ma vie!

PAQUERETTE.
Ainsi, vous partez, Monsieur?

NIVELLE, *à part.*
Bon voyage!

GASTON.
Oui. mais j'obtiendrai de mon père d'être
envoyé en garnison du côté du Moulin Joli....
je viendrai vous voir, Paquerette! en atten-
dant, je me souviendrai toujours de la char-
mante meunière et de son gai refrain!

ENSEMBLE.

PAQUERETTE ET GASTON.

Soir et matin,
A mon moulin,
De toute part on m'apporte son grain;
Et c'est à qui
Sera servi
Par la meunière du Moulin Joli.

ENSEMBLE.

Soir et matin,
A mon/son moulin.

NIVELLE ET PLACIDE.
Tic, tac, tic, tac!

FIN.

EN VENTE CHEZ LE MÊME ÉDITEUR.

SUITE DU CATALOGUE.

Titre	Prix
Les trois Racan.	60
Les Sociétés secrètes.	60
Le Chevalier de Servigny.	60
C'en était un.	60
Les trois Dondon.	60
Giralda.	1 »
La première Chanson de Gallet.	60
Méphistophélès.	60
L'Alchimiste.	60
Le père Nourricier.	60
La Société du Doigt dans l'OEil.	60
L'Hôtesse de Saint-Eloy.	60
La Fille bien gardée.	60
Le Jour et la Nuit.	60
Plaisir et Charité.	60
Marié au second Garçon au cinquième.	60
Un Bal en robe de chambre.	60
Né Coiffé.	60
Le Ménage de Rigolette.	60
Le Pont Cassé.	60
Un Valet sans Livrée.	60
Le Paysan.	60
Charles le Téméraire.	60
L'Anneau de Salomon.	60
Supplice de Tantale.	1 »
Les Infidélités Conjugales.	60
Les Petits Moyens.	60
Les Escargots sympathiques.	60
La Grenouille du Régiment.	60
Les Tentations d'Antoinette.	60
La baronne Bergamotte.	60
Les Extases de M. Hochenez.	60
Le Journal pour rire.	60
Le Renard et les Raisins.	30
La Belle au Bois dormant.	60
La Course aux Pommes d'Or.	60
Christian et Marguerite.	60
L'Avocat Loubet.	60
Royal-Tambour.	60
Mam'zelle fait ses dents.	60
Le vol à la Roulade.	60
La Fée Cocotte.	60
Mon ami Babolin.	60
Le Palais de Cristal.	60
Passiflor et Cactus.	60
Le Duel au Baiser.	60
Les Trois Ages des Variétés.	60
English Exhibition.	60
Histoire d'une Rose et d'un Croquemort.	60
L'Agent secret.	60
Drinn-Drinn.	60
Une Paire de Pères.	60
Les Giboulées.	60
Un Monsieur qui n'a pas d'habit.	60
Mignon.	60
La Chasse aux Grisettes.	60
La Vénus à la Fraise.	60
Les deux Prud'hommes.	60
M. Barbe-Bleue.	60
Une Queue Rouge.	60
Le Pour et le Contre.	60
Le Puits mitoyen.	60
Trois Amours de Pompiers.	60
Les Bloomeristes ou la réforme des Jupons.	60
Le Laquais d'un nègre.	60
Los Dansores espagnolas.	60
Madame Schlick.	60
Le Prince Ajax.	60
Les Enfants de la Balle.	60
L'Ami de la maison.	60
La Marquise de La Bretêche.	60
Une Veuve de 15 ans.	60
Une passion à la Vanille.	60
Un service à Blanchard.	60
L'Original et la Copie.	60
Une rivière dans le dos.	60
5 Gaillards dont 2 Gaillardes.	60
Un Frère terrible.	60
Une Vengeance.	60
Une petite Fille de la Grande Armée.	60
La Fille d'Hoffmann.	60
Un soufflet n'est jamais perdu.	60
Les Femmes de Gavarni.	1 »
La Maitresse d'été et la Maitresse d'hiver.	60
Les Echelons du mari.	60
Les Néréides et les Cyclopes.	60
Poste restante.	60
Le Portier de sa Maison.	60
Les Compagnons d'Ulysse.	60
Le Roi des Drôles.	60
La Mère Moreau.	60
La Queue du Diable.	60
Le Bal de la Halle.	60
Méridien.	60
La première Maitresse.	60
La Jolie Meunière.	60
La tante Ursule.	60
Mademoiselle de Navailles.	60
Prunes et Chinois.	60
Histoire d'une Femme mariée.	60
Les Mystères d'Udolphe.	1 »
Une Poule Mouillée.	60
Sullivan.	1 »
Taconnet.	60
Alice ou l'Ange du Foyer.	60
Marco Spada.	1 »
Tabarin.	60
Les Abeilles et les Violettes.	60
Le Lutin de la Vallée.	60
Le Baromètre des Amours.	60
Habitez donc votre immeuble!	60
Le Miroir.	60
Richelieu.	1 »
On dira des bêtises.	60
Le Carnaval des Maris.	60
Un Festival.	60
Une jolie Jambe.	60
Le Voyage d'une Épingle.	60
Les Amours du Diable.	60
Les Postillons de Crèvecœur.	60
Les Orientales.	60
L'amour, qué qu' c'est qu'ça?	60
La Vie à bon marché.	60
L'ombre d'Argentine.	60
Faute de mieux.	60
Cadet-Roussel, Dumollet, Gribouille et Cie.	60
Fraichement décorée.	60
Sir John Labrouff.	60
Les Aides de camp du Général.	60
La Bataille de la vie.	60
Mêlez-vous de vos affaires.	60
Les Moustaches grises.	60
Les Vins de France.	60
La Dame aux OEillets blancs.	60
Les Trois Gamins.	60
La Peine du Talion.	60
Le Mari par régime.	60
Un Cerveau fêlé.	60
La Queue de la Comète.	60
Sur Terre et sur Mer.	60
Mon Étoile.	1 »
Un Fils malgré lui.	60
Mesdames les Pirates.	60
La Fille invisible.	60
Un Père de famille.	60
A la recherche d'un Million.	60
Une Rencontre dans le Danube.	60
La Femme à trois Maris.	60
Le dernier des Mohichans.	60
Bertrand c'est Raton.	60
Les Contes de la Mère l'Oie.	60
L'Antichambre en Amour.	60
La Fiancée du Diable.	1 »
En trois Visites.	60
Canuche, ou le Chien de la Chaumière.	60
L'Automne d'un Farceur.	60
Un Provincial qui se forme.	60
La Danseuse espagnole.	60
Un Spahi.	60
La Fille Mousquetaire.	60
Le Fauconnier.	60
La Dette et la Dot.	60
La Nonne sanglante.	1 »
Une Sangsue.	60
M. Bannelet.	60
Allez-vous-en gens de la noce.	60
Un Homme sur le gril.	60
Le Cabaret du Pot-Cassé.	60
La Ligne droite.	1 »
Histoire d'un Sou.	60
Mademoiselle Aïssé.	1 50
Les Binettes contemporaines.	60
Le Diable.	1 50
Les deux Epagneuls	60
La Femme d'un grand Homme.	1 »
Jacqueline Doucette.	60
Le Gendre de M. Caboche.	60
Les Exploits de César.	60
L'Auberge du Lapin Blanc.	60
Ah! quel plaisir d'être Garçon!	60
M. Beauminet.	60
L'Art de déplaire.	60
Joli mois de Mai.	60
L'Hiver d'un Homme marié.	60
Le Palais de Chrysocale.	60
Trois pour un Secret.	60
L'École des Epiciers.	60
Une nuit à Séville.	60
Rose et Narcise.	60
Les Représailles.	60
Un Mari dans les nuages.	60
L'Amour et le Temps.	60
Le Rat de ville et le Rat des champs.	60
Madame Roger Bontemps.	60
La Femme doit obéissance à son Mari.	60
101 coups de Canon.	60
Donnez-moi la Paix.	60
Un Monsieur comme il faut.	60
Le Professeur des Cuisinières.	60
Estelle et Némorin.	60
Deux vieilles Gardes.	60
Les Métamorphoses de Chamoiseau.	60
Un Bonheur sans nuages.	50
Riche de cœur.	60
La Sarabande du Cardinal.	60
Les Dragées du baptême.	60
A deux de jeu.	60
Un Faiseur refait.	60
Satania.	60
Le Nid d'amour.	60
Le Nord et le Midi.	60
Un Vers de Virgile.	1 »
L'Orgue de Barbarie.	60
Desaugiers en voyage.	60
Casse-Cou.	60
Le Legs.	1 »
Le Bureau des Objets perdus.	60
Les Dames Capitaines.	1 »
Le Poignard de Léonora.	60
L'Invitation à la Valse.	1 »
Le Copiste.	60
La Ville des Amours.	60
Le Pot de Fer et le Pot de Terre.	60
Au Clair de la Lune.	60
Rompons!	60
L'Amour et Psyché	60
Une vie de Polichinelle.	60
Péché caché.	1 »
Marcassin ou le Mai de mari de ma Femme.	60
La Chasse aux Biches.	60
Une Guitare au violon.	1 »
A qui la mèche?	60
Les Amoureux de Claudine.	60
Le mieux est l'ennemi du bien.	60
Le Hanneton du Japon.	60
Mademoiselle mon Frère.	60
Macaroni d'Italie.	60
Les Talismans de Rosine.	60
Simone.	60
Mademoiselle Choin.	1 »
Un Duo de Capons.	60
La Nuit rose.	1 »
Monsieur Acker.	1 »
M. et Madame Robinson.	60
La dette de Jacquot.	60
L'Autographe.	1 »
Faust et Framboisy.	60
En revenant de Pondichéry.	60
Fradiavolino.	60
Le Royaume du Poète.	60
Les Premières Armes de Fanfan la Tulipe.	60
Les Souliers du Poète.	60
Le Pays des Echasses.	60
Le Poème de Claude.	1 »
Le Banquet des Barbettes.	60
Les Enfants de la victoire.	60
Voyage autour de ma chambre.	1 »
La Pagode.	1 »
Le Soufflet de l'Amour.	60
Yvonne.	1 »
Après nous la fin du monde.	60
Quel drôle de Monde!	60
Les Profits du Jaloux.	60
La Jeunesse de Franklin.	60
Maître Palma.	60
A la Bastille.	1 »
Panne-sur-Airs.	30
Un Monsieur tombé des nues.	60
Faut-il des Époux assortis?	60
Le Menuet de Danaé.	1 »
La vertu de Célimène.	2 »
Je suis né coiffé.	60
Les Gendres de Camillard.	60
Ce qui plaît aux Hommes.	1 »
Le Revers de la Médaille.	1 »
Philémon et Baucis.	60
Un Ami dans la peine.	60
L'Avocat Loubet.	60
Satania.	60
La Sarabande du Cardinal.	60
Le Nord et la Midi.	60
A Deux de jeu.	60
La Voix humaine.	1 »

LAGNY. — Typographie de A. Varigault.